괴담 잡는 과학 특공대

2 저주받은 빈집

괴담 잡는 과학 특공대

2 저주받은 빈집

김수주 기획 · 조인하 글 · 나오미양 그림

산하

제 2 장
저절로 꺼지는 촛불 * 38

제 3 장
빈집의 정체 * 68

등장인물을 소개할게요!

나수재 과학적 재능이 뛰어난 데다, 논리적이고 이성적이어서 세상의 모든 현상은 과학으로 풀 수 있다고 믿어요. 당연히 귀신은 믿지 않지요. 활달한 성격이지만 의외로 작은 벌레만 봐도 기겁을 해서 별명이 '졸보'예요. 마술에 관심이 많아 가방 속에 늘 과학 마술 상자를 넣고 다니며 아이들에게 마술을 보여 주어 유명해졌어요. 괴담을 과학으로 밝혀낼 때마다 "이 세상일은 모두 과학으로 설명할 수 있어!"라고 외치지요.

마술사 '칭구칭구' 사이트의 '고민 있어요'에 아이들이 올린 고민을 보고 접근하는 정체불명의 인물이에요. '마술사'는 대화명이지요. 과학 원리를 이용하여 사람들을 속이는 무시무시한 괴담을 꾸며 내고, 고민을 올린 아이들로 하여금 그 속임수를 실행하도록 해요.

박기담 유치원 다닐 때부터 나수재와 붙어 다니는 단짝 친구예요. 나수재와 학교도 같고, 반도 같지요. 취미가 공포 영화와 공포 체험 너튜브 시청인 공포 마니아예요. 세상의 온갖 기이한 미스터리를 다 믿으며, 귀신의 존재도 철석같이 믿어요. 괴상한 일이 생길 때마다 "귀신이 곡할 노릇이야."라고 말해서 별명이 '귀곡소녀'지요. 태권도를 잘해서인지 담력도 세고, 겁도 없어요.

최우람, 우기진, 도우면 나수재와 박기담의 같은 반 아이들이에요. 나수재, 박기담과 학교 생활 중에 이런저런 사건에 얽히지요.

제 1 장
빈집의 비밀

나수재는 얼마 전에 학교를 들쑤셔 놓은 괴담을 잘 해결하고, 평화로운 나날을 보내고 있었어요. 그러던 어느 날, 나수재의 화를 돋우는 일이 생겼지요. 반에서 힘이 가장 센 최우람이 친구와 함께 쉬는 시간마다 교실 안을 시끄럽게 쿵쾅거리고 뛰어다니는 거예요.

"나 잡아 봐라. 으하하하!"

"야! 거기 서. 거기 서라니까!"

책을 읽던 나수재는 최우람이 눈에 거슬려 잔소리라도 한번 해 주고 싶었지만, 화를 꾹꾹 눌러 참았어요. 잘못하면 또 지난번처럼 최우람이 팔씨름으로 잘잘못을 가리자고 억지를 부릴지도 모르기 때문이에요. 나수재가 고개를 절레절레 흔들며 다시 책으로 눈길을 가져간 그 순간, 손에 들었던 책이 갑자기 바닥으로 툭 떨어졌어요.

깜짝 놀란 나수재가 앗 하고 외마디 비명을 지르며 고개를 들어 보니, 최우람이 교실 뒤편으로 뛰어가고 있었어요. 최우람은 자신이 나수재의 책을 떨어뜨린 사실을 알면서도 힐끗 쳐다만 볼 뿐, 친구와 계속 장난을 쳤어요. 물론 한마디의 사과도 하지 않았지요. 파렴치한 최우람의 모습에 화가 폭발한 나수재는 최우람을 불러 세웠어요.

"야, 최우람! 잠깐 이리 와 봐."

"왜? 무슨 일인데?"

"너, 남의 물건을 떨어뜨렸으면 사과해야 하는 거 아니야?"

"그래, 최우람. 네가 잘못했어. 얼른 사과해."

옆에 있던 박기담도 나수재를 거들었어요.

"싫은데? 사과, 그거 먹는 거 아냐? 이번에도 팔씨름 한판 할까? 누가 잘못했는지 금방 가려질 것 같은데. 어때?"

최우람이 능글맞은 웃음을 머금은 채 나수재를 놀렸어요. 그러자 나수재가 낮은 목소리로 말했어요.

"그래? 이번에도 힘으로 해 보자, 이거지? 좋아, 내 마술의 힘이면 너를 손가락 하나로도 꼼짝 못 하게 할 수 있다고."

그 말에 최우람이 풋 하고 웃음을 터뜨렸어요.

"얘들아, 들었어? 졸보가 우리 반에서 가장 힘센 나를 손가락 하나로 꼼짝 못 하게 하겠대. 무슨 속임수를 쓰려는지 잘 모르겠지만, 내 앞에서는 힘들 텐데……. 만약 네 말대로 되면, 앞으로 내가 너를 형님이라고 부를게. 약속해. 푸하하하!"

반 아이들이 호기심에 하나둘 나수재와 최우람 주변으로 몰려들었어요. 나수재는 반 아이들에게 슬쩍 윙크를 보낸 뒤, 최우람을 의자에 앉혔어요. 그런 다음 한 손가락으로 최우람의 이마를 살짝 누르며 주문을 외웠지요.

"수리수리마수리~ 얍! 자, 이제 일어나 보시지."

나수재의 말에 최우람이 얕잡는 투로 말했어요.

"허, 참. 내가 네 가느다란 손가락 하나를 못 이길 것 같아? 나 최우람이야. 우리 반에서 가장 힘센 최우람이라고."

큰소리를 친 최우람은 야비하게 웃으며 일어서려고 다리에 힘을 주었어요. 그런데 이게 웬일? 엉덩이가 의자에서 떨어지지 않는 거예요. 당황한 최우람은 얼굴이 벌게지도록 다리에 힘을 주

었지만, 팔만 바둥거릴 뿐 일어나지 못했어요. 최우람은 화가 치민 얼굴로 나수재를 노려보았어요.

"짝짝짝!"

나수재의 신기한 솜씨에 반 아이들 사이에서 박수와 감탄이 새어 나왔어요.

"말도 안 돼. 너 무슨 사기를 친 거야?"

최우람이 고래고래 소리를 지르자, 나수재가 골치 아픈 표정을 지으며 대답했어요.

"반 아이들이 전부 보고 있었는데, 사기라니. 대체 무슨 소리야? 내 손에는 아무것도 없었잖아. 이제 와서 비겁하게 그러면 안 되지. 약속은 지켜."

최우람은 눈을 내리깐 채 아무 말도 하지 않았어요. 그 모습을 지켜보던 나수재가 무표정한 얼굴로 말했어요.

"형님 소리는 됐어. 대신 앞으로 교실에서 뛰어놀 때 너무 시끄럽게 하지 마."

말을 끝낸 나수재가 자리에 앉자, 박기담이 목소리를 죽이며 말을 걸었어요.

"와, 속이 다 후련하다. 진짜 신기한 마술이던데?"

"그건 마술이 아니고 과학이야! 무게 중심에 대해 잘 알면 누구나 할 수 있어."

"정말이야? 무게 중심이 뭔데?"

박기담의 질문에 나수재가 설명을 시작했어요.

"지구가 물체를 지구의 중심 방향으로 끌어당기는 힘을 '중력'이라고 해. 그리고 중력의 크기를 '무게'라고 하지. 중력은 물체의 모든 곳에 작용해. 그런데 물체 안에는 그 물체의 전체 중력이 작용하는 것처럼 여겨지는 가상의 한 점이 있어. 이 점을 '무게 중심'이라고 하지. 무게 중심을 받치면 무게가 어느 쪽으로도 치우치지 않고 균형을 잡아. 하지만 무게 중심을 받치는 점인 받침점이 무게 중심에서 벗어나면 받침점 양쪽의 무게가 달라지지. 그러면 중력이 더 크게 작용하는 쪽으로 중심을 잃고 기우뚱 쓰러지는 거야."

"그렇구나. 무게 중심에 대해서는 이해했어. 그런데 무게 중심과 너의 마술에 무슨 관련이 있어서 손가락만으로 최우람을 꼼짝 못 하게 한 거야?"

박기담이 이해가 가지 않는다는 얼굴로 물었어요. 나수재는 말을 이어 갔어요.

"우리 몸의 무게 중심은 가만히 서 있을 때에는 배꼽에서 약간 아래에 있고, 받침점은 양쪽 발 사이에 있어. 즉, 무게 중심이 양쪽 발 사이에 있어야 넘어지지 않지. 그러나 의자에 앉으면 무게 중심이 양쪽 발 사이보다 뒤로 가게 돼."

나수재의 설명을 듣던 박기담은 퍼뜩 깨달았어요.

"아하! 알 것 같아. 의자에 앉은 최우람이 일어서려면 앞으로 몸을 굽혀 의자에 있는 무게 중심을 양발 사이로 옮겨 와야만 했구나."

나수재가 고개를 끄덕였어요.

"맞아. 하지만 내가 손가락으로 최우람이 몸을 굽히지 못하게 막았기 때문에 최우람은 무게 중심을 옮길 수 없었고, 꼼짝할 수가 없었던 거야."

"뭐야, 난 마술인 줄 알았는데……."

나수재는 실망한 표정의 박기담을 보고 빙그레 웃었어요.

그때 박기담이 갑자기 뭔가 생각난 듯 들뜬 얼굴이 되더니, 밑도 끝도 없이 불쑥 이야기를 꺼냈어요.

"너, 우리 마을에 떠도는 빈집 괴담 들어 봤어?"

"또 괴담이냐? 하여튼 넌 툭하면 괴담 타령이구나."

나수재가 어이없다는 듯 박기담을 보며 퉁명스레 대꾸했어요.

"들어 봐! 이번엔 진짜라니까. 우리 마을의 북쪽 끝, 구석진 곳에 빈집이 하나 있대. 그런데 언제부터인지 그 집에서 아이 우는 소리가 들린다는 거야. 사람들이 호기심에 그 집으로 들어가면 갑자기 벽에 붉은 피로 쓴 저주가 나타난대. 사람들은 몇 발짝 들어가지도 못하고 혼비백산해서 도망친다나?"

빠르게 말하는 박기담의 두 눈이 반짝 빛났어요.

"말도 안 되는 소리! 빈집에서 아이 우는 소리가 난다는 것도

황당하지만, 벽에 붉은 피로 쓴 저주가 나타난다는 게 말이 돼?"

나수재가 안경을 쓱 밀어 올리며 헛웃음을 쳤어요. 그 말에 박기담이 펄쩍 뛰었어요.

"그럼 내가 거짓말을 한다는 거야? 지금 내가 다니는 학원에선 온통 빈집 괴담으로 난리야. 게다가 더 흥미로운 건 빈집 괴담의 유래야."

박기담의 목소리가 갑자기 줄어들었어요.

"예전에 그 집에는 부부와 예쁜 아기, 이렇게 세 식구가 살고 있었대. 그런데 그 집 아저씨가 회사에서 쫓겨나는 바람에 형편이 어려워졌나 봐. 집세를 낼 돈이 없었던 그 가족은 그만 추운

겨울, 그 집에서 쫓겨나고 말았지. 날은 춥고, 갈 데가 없었던 세 식구는 결국 그 집으로 다시 돌아갔지만, 문이 잠겨 있던 나머지 집 앞에서 모두 얼어 죽고 말았대. 그 뒤부터 아이 울음소리가 들려오기 시작했고. 한이 맺힌 그 가족이 죽어서도 그 집을 떠나지 않고 낯선 사람이 들어오면 해코지한다는 거야."

"넌 그 얘길 믿어? 학교 괴담에서도 경험했듯이 괴담은 다 근거 없는 헛소문일 뿐이야."

나수재가 단호하게 말했어요. 하지만 박기담은 침까지 튀기며 설명에 열심이었지요.

"아니, 이번엔 느낌이 와. 그러니까 나랑 그 집에 갈 거지? 이번에야말로 반드시 귀신 영상을 찍어서 인별에 올릴 거야."

나수재가 아무 대답이 없자, 박기담이 언짢은 듯 입을 삐죽이며 말했어요.

"네 말처럼 다 근거 없는 헛소문일 뿐이라면 그 집에 가는 걸 왜 망설여? 혹시 무서워서 그래?"

박기담의 말에 나수재가 발끈하여 소리쳤어요.

"누가 무섭대? 늘 그렇듯이 너랑 같이 조사하는 게 내키지 않아서 그럴 뿐이야. 하지만 어쩔 수 없지. 나도 진실이 궁금하거든. 같이 갈게. 가면 되잖아."

박기담은 만족한 듯이 환하게 웃었어요. 나수재는 울적한 얼굴이 되었지요.

'박기담의 수법에 또 걸려든 것 같아. 무서운 건 딱 질색인데……. 근데 어떤 방법을 썼기에 갑자기 벽에 붉은 피로 쓴 글자가 나타났지? 에휴, 이놈의 호기심이 문제야, 문제!'

그날 저녁, 나수재와 박기담은 어스름한 저녁 빛을 벗 삼아 문제의 빈집을 찾아갔지요. 동네에서 살짝 떨어져 있는 그 집은 들어가는 길도 외길뿐이었어요. 한눈에도 흉흉한 분위기가 풍기는 빈집의 모습에 나수재는 등골이 오싹했어요. 하지만 박기담은 흥미진진한 얼굴로 여기저기 스마트폰을 들이댔지요.

"으스스하지? 거봐, 이번엔 진짜라니까!"

박기담은 빈집 앞에서 손가락으로 브이 자를 그리며 인증 숏을 찍었어요. 그러자 나수재가 핀잔을 주었어요.

"지금 여기 놀러 왔니? 사진을 찍게?"

"무슨 소리야? 공포 마니아로 소문난 내가 공포 체험을 하러 빈집에 왔는데, 어떻게 인증 숏을 안 남길 수가 있어? 이번에는 반드시 귀신 영상을 찍을 거야."

의욕에 불타는 박기담의 모습에 나수재는 고개를 절레절레 흔들며 오래되어 칠이 벗겨지고 녹슬어 있는 대문을 밀었어요. 끼익 하는 기분 나쁜 쇳소리와 함께 대문이 열렸지요. 두 사람은 아무도 돌보지 않는 듯 풀이 무성한 마당을 지나 조심스레 집 안으로 들어갔어요.

"졸보! 손전등 좀 제대로 비춰. 설마 무서워서 손을 떠는 건 아니겠지?"

박기담이 핀잔을 주었어요.

"너야말로 무서워서 내 옆에 딱 달라붙어 있는 거 아냐? 좀 떨어지지?"

나수재도 지지 않고 박기담의 얼굴을 노려보며 대꾸했어요. 그 순간, 나수재 옆으로 무언가 스르륵 내려왔어요. 어둠 속에 떠오른 노랗고 시커먼 물체, 그것은 바로 커다란 거미였어요. 나수재는 히이익! 하고 괴상한 비명을 지르며 벌러덩 나자빠졌어요.

"왜 그래? 무슨 일이야?"

박기담이 깜짝 놀라 소리치자, 나수재는 온몸을 덜덜 떨며 손가락으로 거미를 가리켰어요. 천장 곳곳에 거미줄이 쳐져 있었는데, 거기서 내려온 노란 줄무늬의 시커먼 거미 한 마리가 나수재 옆에서 대롱거리고 있었지요. 박기담은 재빨리 기다란 막대기로 거미줄을 헤치고 거미를 잡아 바깥 화단에 놓아주었어요.

"쫄보! 일어나. 내가 처리했어."

박기담이 혀를 끌끌 차며 나수재를 일으켜 주었어요.

"휴, 이 세상엔 다리 많은 동물이 왜 이리 많은지, 원. 고마워."

나수재는 긴 한숨을 내쉬었어요. 한바탕 법석을 떨고 난 두 사람은 조심조심 집 안을 둘러보기 시작했어요.

"창으로 가로등 불빛이 들어와서 그런지 생각보다 많이 어둡지는 않은데?"

"그러게."

박기담의 말에 나수재는 아무렇지도 않은 듯 대답했지만, 이상하게 한기가 느껴졌어요. 거기에 어디선가 들려오는 우우웅 소리가 귀신이 낮은 목소리로 웅얼거리는 듯해 순간적으로 소름이 쫙 끼쳤지요. 그때였어요.

"응애, 응애."

어디선지 아기가 우는 듯한 소리가 났어요.

"어머, 여기에 정말 아기 귀신이 있나 봐!"

박기담이 들뜬 목소리로 말했어요. 반면, 나수재는 머리끝이 쭈뼛쭈뼛 솟는 것 같았지요.

"아기 귀신은 무슨. 이 세상에 귀신은 없다니까!"

나수재는 짐짓 큰소리를 쳤어요. 하지만 슬그머니 박기담의 팔을 두 손으로 꼭 잡았지요. 그때였어요. 스멀스멀 서늘한 기운이 든다 싶더니 벽에 빨간색 글자가 서서히 나타나기 시작했어요. 두 사람은 얼어붙은 듯 발을 떼지 못하고 서 있었어요. 빨간색 글자는 어느새 한 문장이 되었어요.

'들어오면 죽어!'

"히익! 이건 말도 안 돼!"

"어머나! 귀, 귀신이야!"

나수재와 박기담은 저도 모르게 비명을 지르며 집 밖으로 도망쳐 나왔어요. 나수재가 가쁜 숨을 몰아쉬며 주저앉아 있는데, 정신이 번쩍 든 박기담이 나수재를 졸라 댔어요.

"야, 너 때문에 놀라서 귀신 영상도 못 찍고 도망쳐 나왔잖아. 그러니까 다시 들어가자. 응?"

"싫어! 너도 소리소리 지르고 뛰쳐나왔으면서 왜 내 핑계를 대. 들어가려면 너나 들어가."

"이 졸보야! 네 비명에 놀란 거잖아."

박기담이 버럭 화를 냈어요. 하지만 선뜻 혼자 들어가지는 못했지요.

박기담과 헤어진 나수재는 혹시 정말 귀신이 있는 건가 하는 혼란한 마음을 안고 터덜터덜 집으로 돌아왔어요.

"다녀왔습니다."

"그래, 어서 와라."

나수재의 어머니가 환하게 웃으며 반겨 주었어요. 나수재의 부

모님은 맥주를 한잔 할 참이었는지, 두 사람 앞에 예쁜 잔과 맥주가 놓여 있었지요. 나수재의 어머니가 맥주를 따르자, 흰 거품이 쫙 올라오는 모습이 나수재의 눈에도 시원해 보였어요. 그런데 맥주잔을 손에 든 나수재의 아버지가 싱글거리며 희한한 소리를 했어요.

"맥주 마시기 딱 좋은 온도인데?"

"어? 아빠가 그걸 어떻게 알아? 거품을 보고 알았어?"

나수재가 궁금한 얼굴로 묻자, 나수재의 아버지는 잔에 그려진 분홍색 꽃을 가리켰어요.

"이 잔은 상온에 있을 때에는 나뭇가지에 흰 꽃이 피어 있는데, 시원하게 마시기 좋은 온도로 내려간 음료수를 따르면 흰 꽃이 분홍색으로 바뀌거든. 그걸 보고 아는 거야."

그 말을 들은 나수재의 두 눈이 반짝 빛났어요. 그리고 저도 모르게 소리쳤지요.

"이 세상일은 모두 과학으로 설명할 수 있어!"

다음 날, 나수재는 박기담을 불러냈어요.

"빈집에서 본 글자의 비밀을 알아냈어. 이따 수업 끝나고 그 집에 한 번 더 가자."

수업이 끝난 뒤, 두 사람은 다시 빈집으로 갔어요. 이번엔 대낮에 가서 그런지 어제와 달리 오싹한 느낌은 덜했지만, 그래도 역시 으스스했지요. 두 사람은 녹슨 대문을 열고 잡초가 우거진 마당을 지나 조심스레 현관문을 열었어요. 그런데 현관문을 열고 들어간 박기담의 눈이 휘둥그레졌어요. 어제저녁 두 사람의 간담을 서늘하게 했던 빨간색 글씨가 온데간데없이 사라져 버렸기 때문이에요.

"앗! 글씨가 사라졌어. 거참, 귀신이 곡할 노릇이네."

박기담이 어리둥절한 표정으로 중얼거렸어요. 그러자 나수재가 의기양양하게 말했어요.

"내가 글씨를 나타나게 해 주지."

말을 마친 나수재는 거실 구석과 창가를 살펴보더니, 무언가를 가리켰어요.

"드디어 찾았어."

그것은 주름 잡힌 모양으로 늘었다 줄었다 할 수 있는 굵은 호스였어요. 호스는 쓰러진 가구와 커튼 등으로 교묘히 가려진 채 글씨가 쓰여 있던 벽 쪽을 향해 있었어요. 그리고 호스의 한쪽 끝은 창밖으로 빠져나가 있었지요. 두 사람은 밖으로 나가 창가에 쌓여 있는 상자와 낡은 가구들을 치웠어요. 그러자 호스에 연결된 것이 모습을 드러냈어요.

"이게 뭐야?"

박기담이 깜짝 놀라며 묻자, 나수재가 자신만만한 표정으로 대답했어요.

"캠핑 다닐 때 휴대용으로 들고 다니는 이동식 에어컨이야. 이 호스에서 찬 바람이 나오는데, 방향 조절을 할 수 있어서 원하는 곳을 빨리 시원하게 할 수 있어."

"그런데 이런 게 왜 여기 있어?"

"실내 온도를 낮추기 위해서지. 안에 들어가 있어. 빨간 글씨의 진실을 알려 줄게."

나수재의 자신감 넘치는 목소리에 박기담은 집 안으로 들어가며 중얼거렸어요.

"정말 귀신의 짓이 아니었어?"

그런데 잠시 후, 마치 귀신이 낮은 목소리로 웅얼거리는 듯한 우우웅 소리와 함께 서늘한 기운이 든다 싶더니, 벽에 저절로 빨간색 글자가 나타나기 시작했어요.

"뭐야? 도대체 어떻게 된 거야?"

박기담의 눈이 왕방울만 해지며 목소리가 커졌어요. 그때 마침 집 안으로 들어온 나수재가 빙글빙글 웃으며 말했어요.

"좀 전에 내가 이동식 에어컨이라고 했을 때 눈치를 챘어야지."

"아, 몰라! 이해가 안 돼. 어떻게 글씨가 저절로 나타났다 사라지고, 또 나타날 수 있냐고!"

박기담이 믿을 수 없다는 표정을 짓자, 나수재가 한쪽 눈을 찡긋하며 대답했어요.

"온도에 따라 색깔이 변하는 열 변색 물감 때문이야."

"대체 뭔 소리야? 온도는 뭐고, 열 변색 물감은 또 뭔데?"

박기담이 뿌루퉁한 얼굴로 물었어요. 그러자 나수재가 조곤조곤하게 설명을 시작했어요.

"물질의 차갑거나 따뜻한 정도는 '온도'로 나타낼 수 있어. 보통 숫자에 단위 ℃(섭씨도)를 붙여 나타내지."

"온도가 뭔지는 알겠어. 그런데 온도하고 글씨가 저절로 나타났다 사라지는 거하고 무슨 상관이 있는데?"

박기담이 궁금한 듯 물었어요. 나수재는 안경을 슬쩍 들어 올리며 대답했어요.

"상관이 있지. '열 변색 물감'은 온도 변화에 따라 색깔이 변하는 물감이야. '시온 물감'이라고도 하지. 일정한 온도 이상이거나 이하가 되면 색깔이 변해."

"우아! 온도 변화에 따라 색깔이 변하는 물감이라니, 거참 신기하네."

박기담이 입을 떡 벌렸어요. 나수재는 과학 마술 상자에서 알

코올 온도계를 꺼냈어요.

"후훗! 과학의 매력이지. 그럼, 지금 몇 ℃인지 온도를 한번 재 볼까? 공기의 온도인 기온을 잴 때에는 알코올 온도계를 사용하면 돼."

"기온은 왜 재는 건데?"

박기담이 고개를 갸우뚱하며 물었어요. 나수재는 온도계를 확인하며 대답했지요.

"열 변색 물감의 색깔이 변하는 온도가 몇 ℃인지 궁금해서. 20℃. 퍼즐은 다 맞춰졌어."

나수재는 자신이 추리한 내용을 들려주었어요.

"이 일을 꾸민 사람은 거실 벽에 물감으로 '들어오면 죽어!'라고 겁을 주는 글씨를 썼어. 그 물감은 온도가 20℃가 넘으면 색깔이 없어졌다가 20℃ 이하로 떨어지면 빨갛게 나타나는 열 변색 물감이었지. 요즘은 늦여름이라 저녁에도 20℃가 넘기 때문에, 평소에는 당연히 안 보였을 거야. 하지만 이동식 에어컨으로 거실의 온도를 20℃ 이하로 낮추면 빨간 글씨가 나타나게 되지. 으스스한 빈집에 들어갔는데 갑자기 '들어오면 죽어!'라고 빨간 글씨가 나타난다면, 제아무리 강심장이라도 귀신의 짓이라고 생각하고 도망치지 않겠어?"

"실지로 우리도 그랬잖아. 누군지 아주 질 나쁜 녀석인걸?"

박기담이 몹시 분한 듯 부르르 떨며 말했어요.

"맞아. 이 일을 꾸민 사람은 빈집에 있다가 사람들이 오는 것을 보고 적절한 때 이동식 에어컨을 작동시켰어. 사람들이 집 안으로 들어올 때쯤 갑자기 빨간 글씨가 나타나게 말이야. 과학에 해박한 데다 아주 치밀하기까지 한 걸 보면 절대 만만한 녀석이 아니야."

나수재가 인상을 찌푸리며 맞장구를 쳤어요. 박기담은 문득 시

무룩한 얼굴이 되었어요.

"하여튼 진짜 섭섭하네. 이번에는 분명히 귀신의 짓인 줄 알았거든."

"섭섭해할 것 없어. 그리고 내가 몇 번이나 말했잖아. 이 세상에 귀신 같은 건 없다고!"

나수재는 박기담을 바라보며 딱 잘라 말했어요.

집으로 돌아가는 길, 나수재는 웬일인지 뿌듯한 마음보다는 불쾌한 감정이 앞섰어요.

'과학을 잘한다고 이런 해괴망측한 일을 꾸미다니, 대체 그 이유가 뭘까?'

박기담은 박기담대로 귀신을 보지 못한 아쉬움에 짜증이 치밀었지요.

'쳇! 또 아니란 거지? 근데 왜 내 눈에는 귀신이 안 보일까? 귀신 보는 비법은 없나?'

두 사람은 각자 생각에 잠겨 묵묵히 자신의 집을 향해 걸었어요. 이 집에 또 오리라고는 전혀 생각지도 못한 채로 말이지요.

온도와 열의 이동

온도

에어컨이 켜져 있는 건물로 두 사람이 들어갔는데, 한 사람은 춥다고 느꼈고 다른 한 사람은 덥다고 느꼈대. 이처럼 같은 곳에 있더라도 사람에 따라 차갑거나 따뜻한 정도를 다르게 느낄 수 있어. 그럼 차갑거나 따뜻한 정도를 정확하게 표현하려면 어떻게 해야 할까? 물질의 차갑거나 따뜻한 정도는 '온도'로 나타내. 온도를 사용하면 물질의 차갑거나 따뜻한 정도를 정확하게 나타낼 수 있어. 보통 온도는 숫자에 단위 ℃(섭씨도)를 붙여 나타내지. '이 방의 온도는 20℃이다.'처럼 말이야.

온도를 측정할 때에는 온도계를 사용해. 적외선 온도계는 주로 고체 물질의 온도를 측정할 때 사용하지. 알코올 온도계는 보통 액체나 기체의 온도를 측정할 때 사용하는데, 액체 기둥의 끝이 닿은 부분의 눈금을 읽으면 온도를 알 수 있어.

고체에서 열의 이동

온도가 다른 두 물질이 접촉하면 따뜻한 물질의 온도는 점점 낮아지고, 차가운 물질의 온도는 점점 높아져. 두 물질이 접촉한 채로 시간이 지나면 두 물질의 온도는 같아지지.

접촉한 두 물질의 온도가 변하는 까닭은 열의 이동 때문이야. 접촉한 두 물질 사이에서 열은 온도가 높은 물질에서 낮은 물질로 이동해. 열이 나는 이마에 얼음주머니를 올려놓으면 열은 이마에서 얼음주머니로 이동하지.

그럼, 숟가락 같은 고체에서 열은 어떻게 이동할까? 고체 물질의 한 부분을 가열하면 그 부분의 온도가 높아져. 이때 온도가 높아진 부분에서 주변의 온도가 낮은 부분으로 열이 이동해. 따라서 주변의 온도가 낮았던 부분도 점점 온도가 높아지지. 이렇듯 고체에서 열은 온도가 높은 곳에서 낮은 곳으로 고체 물질을 따라 이동하는데, 이러한 열의 이동을 '전도'라고 해.

액체와 기체에서 열의 이동

물이 담긴 주전자를 가열하면 주전자 바닥에 있는 물의 온도가 높아져. 온도가 높아진 물은 위로 올라가고, 위에 있던 물은 아래로 밀려 내려와. 시간이 지나면 이 과정이 반복되면서 물 전체가 따뜻해지지. 이처럼 액체에서 온도가 높아진 물질이 위로 올라가고, 위에 있던 물질이 아래로 밀려 내려오는 과정을 '대류'라고 해. 그러니까 액체에서는 대류를 통해 열이 이동해.

그럼, 기체에서 열은 어떻게 이동할까? 온도가 높은 물체 주변의 공기는 가열되어 온도가 높아져. 온도가 높아진 공기는 위로 올라가고, 위에 있던 차가운 공기는 아래로 밀려 내려와. 이처럼 기체에서도 액체에서와 같이 대류를 통해 열이 이동해. 집 안에서 에어컨을 켜면 에어컨에서 나오는 차가운 공기가 아래로 내려오고, 아래에 있던 더운 공기는 위로 밀려 올라가. 시간이 지나면 공기의 대류를 통해 집이 골고루 시원해지지.

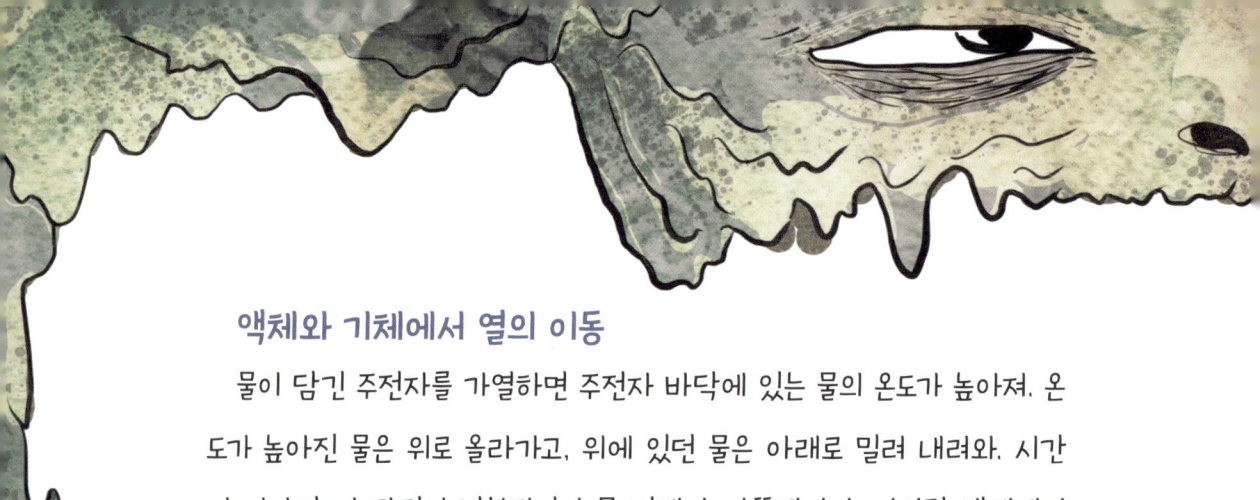

온도와 열의 이동을 이용한 장난

빈집에서 빨간 글씨가 저절로 나타난 현상은 온도와 열의 이동에 대해 잘 아는 범인이 꾸민 장난이야. 범인은 거실 벽에 미리 물감으로 '들어오면 죽어!'라고 써 놓았어. 그 물감은 온도가 20℃를 넘으면 색깔이 없어졌다가 20℃ 이하가 되면 빨갛게 되는 열 변색 물감이었지. 계절이 늦여름이라 저녁에도 온도가 20℃를 넘었기 때문에 평소에는 당연히 안 보였어. 하지만 이동식 에어컨으로 실내 온도를 20℃ 이하로 낮추면 빨간 글씨가 나타나지. 으스스한 빈집에 들어갔는데, 갑자기 '들어오면 죽어!'라고 쓰인 빨간 글씨가 나타난다면 누구라도 귀신의 짓이라고 생각하지 않을까?

반짝 상식

열과 온도

우리는 '열이 난다, 열이 내렸다'라는 말을 잘 써. '온도가 높다, 온도가 낮다'라는 말도 자주 하지. 그렇다면 열과 온도는 같은 뜻일까? '온도'란 물체가 따뜻하거나 차가운 정도를 나타내는 것이고, '열'은 온도를 높이거나 낮추는 역할을 하는 에너지야. 열은 눈에 보이지 않지만, 열이 하는 일은 볼 수 있어. 물에 열을 가하면 따뜻해지는 것처럼 말이야. 물질의 온도와 열의 관계는 다음과 같아.

- 온도가 같아도 몸집이 크면(양이 많으면) 가지고 있는 열이 더 많아.
- 온도가 같을 때, 물질의 양이 같으면 열의 양도 같아.
- 물질의 양이 같을 때에는 온도가 높은 쪽이 가진 열이 더 많아.

제 2 장
저절로 꺼지는 촛불

"돈 좀 빌려줘! 내일 꼭 갚을게. 응?"

"나도 빌려주고 싶지. 근데 어제 용돈이 똑 떨어졌거든."

박기담이 '떼쟁이' 우기진과 실랑이를 벌이고 있었어요. 우기진이 점심시간 내내 돈이 없다는 반 아이들에게 막무가내로 돈 좀 빌려 달라며 떼를 쓰고 다녔는데, 마침내 박기담의 차례가 된 거예요.

"비상금은 있을 거 아냐? 나 진짜 급해서 그래."

"아, 글쎄, 비상금이고 뭐고 돈이 한 푼도 없다니까! 없는 돈을 어떻게 빌려줘."

박기담이 답답한지 작게 한숨을 쉬며 대답했어요. 그때 그 모습을 지켜보던 나수재가 벌떡 일어나며 말했어요.

"그 돈 내가 줄게. 단, 내가 위에서 떨어뜨리는 돈을 잡는다면 말이야. 하지만 돈을 못 잡으면 더는 친구들한테 돈 빌려 달라고 하지 마. 알았지?"

"어, 정말? 알았어. 근데 이거 완전히 누워서 떡 먹기 아냐?"

우기진은 아주 자신만만해 보였어요. 그러자 나수재가 예언하듯 말했어요.

"아마 너는 내가 떨어뜨리는 돈을 절대 잡을 수 없을 거야."

"흥, 별꼴이야. 내 걱정은 말고 얼른 돈이나 떨어뜨리지 그래."

우기진이 비웃음을 가득 담은 눈으로 나수재를 째려보았어요. 박기담은 자신 때문에 나수재가 나서자 미안한 마음에 어쩔 줄 몰랐지요. 하지만 나수재는 느긋한 얼굴로 지갑에서 오만 원짜리 지폐 한 장을 꺼냈어요. 우기진의 눈이 왕방울만 해졌어요.

"우아, 오만 원짜리잖아? 아싸, 나수재! 너 이제 와서 다른 말 하면 안 돼!"

우기진은 나수재의 말대로 한 팔을 책상에 올리고, 책상 가장자리 밖까지 손을 내밀며 돈 받을 준비를 했어요. 박기담은 물론, 우기진 때문에 짜증이 나 있던 반 아이들도 나수재가 걱정되었어요. 하지만 큰소리치는 나수재의 말에 모두 반신반의하는 표정으로 지켜보았지요.

"좋아, 그럼 시작할게."

나수재는 우기진의 손가락이 지폐에 닿지 않게 지폐를 우기진의 엄지손가락과 다른 손가락 사이에 오게 했어요. 그런 다음 "수리수리마수리~ 얍!" 하는 주문과 함께 지폐를 떨어뜨렸어요. 그런데 놀라운 일이 벌어졌어요. 지폐가 우기진의 손가락 사이를 지나가 바닥에 떨어졌어요.

"말도 안 돼. 떨어지는 지폐를 못 잡다니……. 너 속임수 썼지! 그렇지?"

우기진은 얼굴이 벌게져서 나수재에게 떼를 썼어요. 하지만 나수재는 딱 잘라 말했어요.

"반 아이들 모두가 지켜보고 있었는데, 내가 무슨 속임수를 썼다는 거야? 네가 못 잡았을 뿐이지. 이제 약속대로 더는 친구들한테 돈 빌려 달라고 떼쓰지 마. 알았지?"

나수재의 말에 우기진은 꿍얼거리며 자기 자리로 돌아갔어요. 속이 후련해진 반 아이들은 우아 하고 감탄사를 던지며, 나수재에게 엄지손가락을 세워 보였어요. 나수재는 반 아이들에게 멋진 윙크를 보냈지요. 박기담은 나수재가 자리에 앉자 감동한 얼굴로 말했어요.

"고마워. 떼쟁이로부터 구해 줘서. 난 사실 우기진이 당연히 지

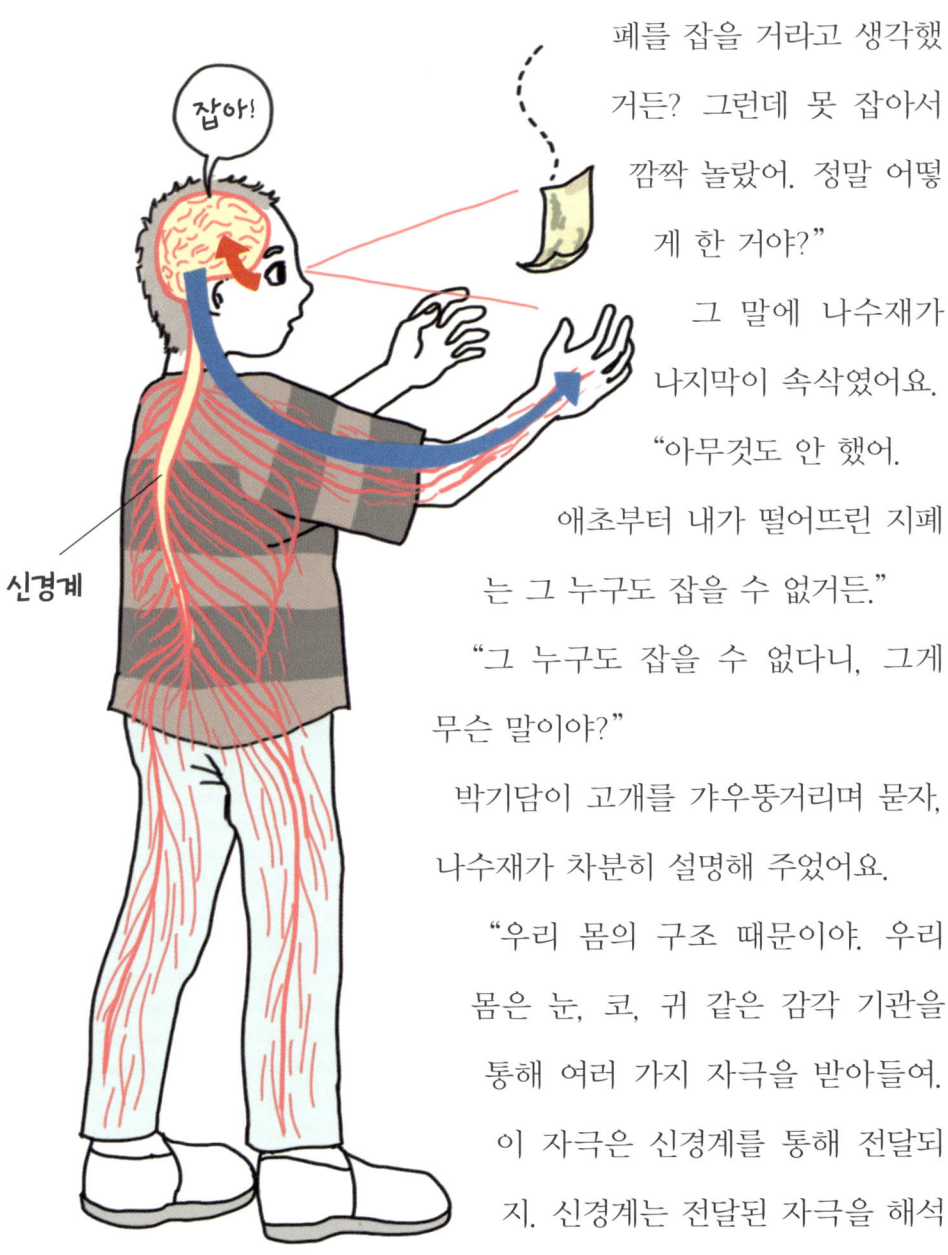

폐를 잡을 거라고 생각했거든? 그런데 못 잡아서 깜짝 놀랐어. 정말 어떻게 한 거야?"

그 말에 나수재가 나지막이 속삭였어요.

"아무것도 안 했어. 애초부터 내가 떨어뜨린 지폐는 그 누구도 잡을 수 없거든."

"그 누구도 잡을 수 없다니, 그게 무슨 말이야?"

박기담이 고개를 갸우뚱거리며 묻자, 나수재가 차분히 설명해 주었어요.

"우리 몸의 구조 때문이야. 우리 몸은 눈, 코, 귀 같은 감각 기관을 통해 여러 가지 자극을 받아들여. 이 자극은 신경계를 통해 전달되지. 신경계는 전달된 자극을 해석

하여 행동을 결정하고, 팔이나 다리와 같은 운동 기관에 명령을 내려서 반응을 하도록 해."

설명을 듣고도 박기담이 멀뚱한 표정을 짓자, 나수재가 좀 더 알기 쉽게 설명을 보탰어요.

"그러니까 지폐가 떨어지는 것을 본 순간 감각 기관인 눈은 신경계를 통해 자극을 전달하고, 신경계는 떨어지는 지폐를 잡으라고 운동 기관인 손에 명령을 내려. 물론 이 과정은 0.5초도 안 되는 짧은 순간에 일어나지. 하지만 지폐가 떨어지는 속도는 1초에 9.8미터로 그보다 훨씬 더 빠르기 때문에 지폐를 잡을 수 없는 거야."

"흐음, 그런 거구나. 알고 나니 시시하네."

"뭐, 이해해. 설명을 듣고 나면 거의 다 그러니까."

나수재가 박기담의 말에 시원스럽게 동의했어요.

"하여튼 도와줘서 고마워."

박기담의 말에 나수재는 어깨만 으쓱했어요.

한바탕 소동이 지나간 뒤, 박기담이 갑자기 생각난 듯 나수재를 바라보며 속삭였어요.

"나 어제 학원에서 빈집에 대한 새로운 이야기를 들었어."

"뭔데?"

나수재가 눈길은 책으로 향한 채 무뚝뚝하게 대답했어요.

"엊그제 빈집에 간 두 아이가 아기 귀신을 불렀다는 거야."

박기담의 이야기에 흥미를 느낀 나수재는 그제야 고개를 들고 박기담을 바라보았어요. 그러자 신이 난 박기담이 계속 수다를 늘어놓았지요.

"그 아이들은 아기 귀신을 부르려고 빈집에 있는 깜깜한 방에서 촛불을 켠 뒤, 둘이 맞잡은 연필로 바닥에 원을 그리며 주문을 외웠대. '분신사바, 분신사바……' 하며 한창 주문을 외우는데, 갑자기 어디선가 바람이 홱 불어 촛불을 꺼트렸다는 거야. 깜짝 놀란 아이들은 허둥지둥 빈집에서 도망쳤지. 그런데 곰곰 생각해 보니 분명히 그 방 창문이 닫혀 있었대. 바람이 불 이유가 전혀 없었던 거지."

"그래서?"

나수재가 평소처럼 냉정한 목소리로 물었어요.

"그래서라니? 창문도 닫혔는데 촛불이 꺼졌다는 건 아기 귀신을 불러냈다는 확실한 증거잖아. 넌 심령 영화도 안 보니? 영화에 보면 귀신이 나타날 때 불이 확 꺼지잖아. 어쨌든 오늘 빈집에 다시 가 보자. 가서 우리도 아기 귀신을 불러내 보자고."

"또 빈집의 귀신 타령이냐? 네가 빈집 벽에 갑자기 붉은 피로 쓴 글자가 나타난다고 요란을 떨어서 갔지만, 귀신하고는 아무 상관이 없었잖아."

"안 믿는 거야? 이번엔 진짜 같다니까! 혹시 무서워서 그래?"

나수재는 박기담의 그 말에 발끈하며 소리를 질렀어요.

"누가 무섭대? 알았어. 같이 가면 될 거 아니야!"

박기담은 나수재 몰래 회심의 미소를 지었어요.

'아싸, 역시 걸려들었어! 주문을 외우려면 한 명이 더 필요했는데, 잘됐다. 하여튼 쟤는 똑똑하면서도 참 단순하다니까!'

박기담의 마음은 한껏 부풀어 올랐어요. 나수재는 또 걸려들었다는 생각에 짜증이 부글부글 끓어오르고 있었답니다.

그날 밤, 나수재와 박기담은 또다시 빈집에 숨어들었어요. 어둠에 감싸인 빈집은 을씨년스럽기만 했지요. 두 사람이 마당을 지나 현관문을 열자, 저번에 이어 이번에도 어디선가 아기 울음소리가 들려왔어요.

"으아, 너도 들리지? 아기 귀신의 울음소리!"

박기담이 들뜬 목소리로 말했어요. 그러고는 자신도 모르게 무서움에 몸을 부르르 떨며 나수재를 바라보았어요. 그런데 이게 웬일? 졸보 나수재의 표정이 너무도 담담했어요.

"허, 귀신이 곡할 노릇이네! 너, 안 무서워?"

그러자 나수재가 박기담을 한심하다는 듯 쳐다보며 큰소리를 쳤어요.

"당연히 안 무섭지. 얼마 전에 이 집에서 일어난 일이 귀신이 아닌 사람의 짓임을 네 눈앞에서 증명했잖아."

"그건 그거고. 지금 들리는 저 소리는 아기 귀신의 울음소리가 분명해!"

"글쎄, 그건 너의 착각일 뿐이야."

"아니라니까! 이리 와서 잘 들어 봐."

박기담이 나수재의 팔을 끌어당겼어요. 그런데 나수재의 팔에 소름이 잔뜩 돋아 있는 게 아니겠어요? 박기담은 피식 웃으며 나수재를 놀렸어요.

"나 원 참. 무섭지도 않은데, 온몸에 소름이 돋나? 큰소리만 쳤지, 넌 역시 졸보야."

"아니거든? 추워서 소름이 돋은 거야. 무서워서 돋은 게 아니라고."

나수재의 변명에 박기담은 흥! 하고 코웃음을 쳤어요. 나수재는 늦여름에 춥다고 말했다는 것을 깨닫고는, 머쓱한 기분이 들었답니다.

두 사람은 거실을 지나 첫 번째 방으로 들어갔어요. 그곳은 창밖의 가로등 불빛도 거의 들어오지 않아 어두컴컴했어요. 나수재가 손전등을 비추자, 창가의 테이블 위에 불 꺼진 초 하나가 보였어요.

"앗, 여기다! 테이블에 초가 놓여 있잖아. 이곳에서 아기 귀신을 불러냈나 봐."

박기담이 흥분해 소리치자, 나수재도 손전등으로 주변을 비춰 보며 고개를 끄덕였어요.

"맞네. 창문도 닫혀 있고."

나수재의 말이 끝나자마자 박기담은 얼른 테이블로 다가가 테이블 밑에 있는 작은 의자에 앉았어요. 그러고는 건너편 의자를 가리키며 나수재에게 다급한 손짓을 했지요. 나수재는 찜찜해하며 엉거주춤 의자에 앉았어요. 박기담은 테이블 위의 초에 조심스레 불을 붙였어요. 그런 다음 연필을 꺼내 들어 손에 꼭 쥐더니, 나수재의 손을 자신의 손에 포갰어요. 그러고는 연필 끝으로

테이블 바닥에 원을 그리며 작은 목소리로 주문을 외우기 시작했지요.

"분신사바, 분신사바……."

나수재는 한숨을 쉬며 고개를 절레절레 흔들었지만, 어쩔 수 없었어요. 만약 박기담한테 협조하지 않았다가 일이 잘못되면 무슨 생떼를 부릴지 알 수 없기 때문이지요. 박기담은 눈까지 꼭 감고 중얼중얼하며 계속 주문을 외웠어요.

그때였어요. 어디선가 갑자기 퉁 하는 소리가 들리더니, 센 바람이 불어와 촛불을 확 꺼트리는 게 아니겠어요?

"으아아악!"

나수재는 엄청난 비명을 지르며 뛰쳐나갔어요. 나수재의 비명에 놀라 눈을 뜬 박기담도 얼떨결에 같이 뛰쳐나갔지요. 집 밖으로 나온 나수재는 헉헉거리며 의아한 표정을 지었어요.

"분명히 창문이 닫혀 있었는데, 갑자기 촛불이 꺼지다니……. 뭐지? 이상해."

가쁜 숨을 몰아쉬던 박기담이 나수재를 못마땅한 듯 쳐다보며 퉁명스럽게 대꾸했어요.

"이상하긴 뭐가 이상해? 우리가 부른 아기 귀신이 왔기 때문이지. 힘들게 아기 귀신을 불러냈는데, 졸보 네가 소리치며 뛰어나가는 바람에 나도 덩달아 뛰쳐나왔잖아! 에잇, 아무래도 안 되겠어. 다시 들어가 볼래.”

말을 마친 박기담은 혼자서 용감하게 다시 빈집으로 들어갔어요. 하지만 허탕만 쳤는지 잔뜩 부은 얼굴로 되돌아왔지요. 붉으락푸르락하는 박기담의 모습에 나수재는 아무 말도 못 하고 마음속으로만 외쳤어요.

'이 세상에 귀신은 없어! 누가 무슨 꿍꿍이속으로 이런 일을 꾸몄는지 모르지만, 내가 반드시 잡아낼 거야.'

다음 날 점심시간. 박기담은 다시 빈집에 가자고 나수재를 조르고 있었어요.

“너도 봤지? 어제 갑자기 촛불이 꺼진 건 아기 귀신의 짓이야. 네가 소리만 안 질렀어도 귀여운 아기 귀신의 사진을 찍을 수 있었는데……. 아, 정말 아쉽다.”

“그럴 리가 없어. 넌 어떻게 촛불이 꺼진 게 아기 귀신의 짓이라고 단정해?”

“물론 나의 감이지! 하여튼 오늘 밤에 빈집에 다시 가는 거다? 알았지?”

"휴, 알았어. 네 말이 틀렸다는 걸 증명하기 위해서라도 꼭 갈 거야. 걱정 마."

말을 마친 나수재는 골똘히 생각에 잠겼어요. 하지만 아무리 생각해도 어젯밤 갑자기 촛불이 꺼진 이유를 도무지 알 수 없었지요. 생각이 잘 안 풀리자 나수재는 정신을 차리려고 화장실로 가서 세수를 했어요. 나수재는 교실로 돌아와 자리에 앉으면서도 계속 생각에 빠져 있었지요. 그런데 자리에 앉는 순간, 무언가를 깔고 앉은 느낌이 들더니 뻥 하고 천둥 치는 소리가 났어요.

깜짝 놀란 나수재가 주변을 둘러보았는데, 주변이 온통 부서진 과자로 난리가 난 게 아니겠어요? 놀라서 펄쩍 뛰어오르다시피 한 나수재의 눈에 울상을 짓고 있는 옆 자리 아이의 얼굴이 들어왔어요.

"아니, 이게 대체 무슨 일이야?"

"힝, 책상이 하도 지저분해서 정리하는 동안 새 과자를 네 의자에 잠깐 놓아뒀었어. 그런데 네가 과자를 보지 못하고 그대로 앉는 바람에 과자가 터졌잖아."

"미안해. 뭘 좀 생각하느라 의자에 과자가 놓여 있는 줄 몰랐어. 내일 똑같은 걸로 사다 줄게. 그나저나 어떡하지? 과자가 사

방으로 날아가서 교실이 난장판인걸?"

나수재는 난감해하며 옆 자리 아이와 함께 교실 여기저기로 흩어진 과자 부스러기를 치웠어요. 그때, 무언가가 번개처럼 나수

재의 머릿속을 스치고 지나갔어요. 나수재는 저도 모르게 벌떡 일어나며 소리쳤어요.

"이 세상일은 모두 과학으로 설명할 수 있어!"

깜짝 놀란 반 아이들이 나수재를 쳐다보자, 박기담이 얼른 다가왔어요.

"뭐야? 뭔가 알아낸 거야?"

박기담이 긴가민가한 표정으로 나수재를 쳐다보았어요.

"응, 이따 빈집에서 갑자기 꺼진 촛불의 진실을 알려 줄게."

나수재는 믿는 구석이 있는지 자신만만하게 웃고 있었어요.

그날 오후, 나수재와 박기담은 다시 빈집으로 갔어요. 물론 둘의 목적은 확연히 달랐지요. 박기담은 속으로 이런 생각을 하며 의욕에 불타 있었어요.

'이번에야말로 반드시 귀신 사진을 찍어서 인별에 올릴 거야!'

한편, 나수재는 자신의 생각이 옳다는 확신에 차 있었어요.

'분명히 귀신의 짓이 아니야. 과학을 잘 아는 누군가의 못된 장난일 뿐이지. 다시는 이런 짓을 못 하게 확실히 밝히겠어.'

대낮에 가도 빈집은 여전히 으스스했어요. 박기담은 풀이 무성한 마당을 조심조심 걸어가며 언제라도 사진을 찍을 수 있게 스마트폰을 꺼내 들었어요. 그 순간, 앞장서 걸어가던 나수재의 엄청난 비명이 들렸어요.

"으아아악!"

"왜 그래? 무슨 일이야?"

박기담이 소리치자, 눈을 질끈 감은 나수재가 벌벌 떨며 말했어요.

"지, 지, 지네."

박기담은 고개를 절레절레 흔들며 잽싸게 지네를 잡아 수풀

속으로 던졌어요.

"졸보, 눈 떠! 내가 처리했어."

그 말에 나수재가 조심스레 눈을 뜨며 힘없이 중얼거렸어요.

"고마워, 귀곡소녀! 지난번엔 거미였는데, 이번에는 지네라니……. 휴, 이 세상엔 다리 많은 동물이 왜 이렇게 많을까?"

한바탕 소동을 일으킨 나수재는 쑥스러운지 빠른 걸음으로 박기담이 아기 귀신을 불렀다고 주장하는 방으로 들어갔어요. 그러더니 손전등으로 창문 쪽을 비춰 보았지요.

"역시."

나수재는 고개를 가볍게 끄덕였어요.

"곧 귀신의 정체를 밝혀 줄게. 촛불 켜고 기다려."

나수재는 박기담이 말릴 새도 없이 휙 몸을 돌려 밖으로 나갔어요. 혼자 남은 박기담은 얼른 초에 불을 붙였지요. 그 순간, 어디선가 퉁 소리가 들리더니 지난번처럼 센 바람이 핵 불어오며 촛불이 꺼졌어요. 박기담은 귀신이 나타나면 반드시 사진을 찍겠다는 다짐과 달리 자신도 모르게 소리소리 지르며 밖으로 뛰쳐나갔어요. 그러다 마침 방으로 들어오는 나수재와 딱 마주치자 괜스레 화풀이했지요.

"귀, 귀신이 나타났는데, 넌 대체 어디 갔었어?"

"허, 귀신은 무슨. 자, 이게 바로 귀신의 정체야."

나수재가 빙글빙글 웃으며 박기담의 눈앞에 내민 것은 한쪽에 구멍이 뚫린 종이 상자였어요.

"뭐? 이 종이 상자가 귀신이라고?"

박기담은 어리둥절한 표정이었어요. 나수재는 조용히 고개를 끄덕이며 손가락으로 창문을 가리켰어요.

"응, 그리고 창문도 공범이라고 할 수 있지. 창문을 잘 살펴봐. 특이한 게 보일 거야."

박기담은 나수재가 가리킨 창문을 자세히 살펴보았어요. 완전히 닫혀 있을 거라고 생각했던 창문은 조금 열려 있었어요. 열린 부분은 전체가 나무판자로 막혀 있었고, 판자 밑부분에는 초와 비슷한 높이에 자그마한 구멍 하나가 뚫려 있었어요. 종이 상자에 뚫린 구멍과 크기가 거의 비슷했지요.

"잘 봐. 너도 곧 귀신의 정체를 알게 될 거야."

나수재는 조심스레 촛불을 켠 다음, 밖에서 가져온 종이 상자의 구멍을 촛불 쪽으로 갖다 대고 상자의 옆면을 강하게 쳤어요. 그러자 센 바람이 훅 불며 촛불이 꺼졌지요. 그 모습을 본 박기

담은 믿기지 않는 듯 벌린 입을 다물지 못했어요.

"뭐야, 정말 이 종이 상자 때문에 촛불이 꺼진 거야? 상자 속에 대체 뭐가 들어 있는데?"

박기담은 구시렁거리며 종이 상자를 들여다보고는 눈이 휘둥그레졌어요.

"아무것도 없잖아! 거참, 귀신이 곡할 노릇이네."

그러자 나수재가 기다렸다는 듯 우쭐하며 말했어요.

"무슨 소리야? 공기가 들어 있잖아! 공기는 눈에 보이지 않지만, 항상 우리 곁에 있어. 공간을 차지하고, 무게가 있으며, 다른 곳으로 이동할 수도 있지. 바로 이 공기가 대포처럼 앞으로 나아가 촛불을 끄는 거야. 그래서 이 상자 이름이 공기 대포야."

잠자코 듣던 박기담은 참을성이 바닥났는지 얼른 손을 내저으며 나수재의 말을 막았어요.

"공기 대포? 이름 한번 요상하네. 하여튼 이제 공기에 대해서는 충분히 알았으니까, 어떻게 공기 대포로 촛불이 꺼졌는지 설명해 줘."

나수재가 차근차근 설명을 시작했어요.

"조금 전에 공기는 무게가 있다고 했지? 공기의 무게로 생기는 누르는 힘을 '기압'이라고 하는데, 일정한 부피에 공기가 많을수록 공기는 무거워지고 기압도 높아져. 이때 상대적으로 주변보다 공기가 무거운 것을 '고기압', 공기가 가벼운 것을 '저기압'이라고 하지. 그런데 어느 두 지점 사이에 기압 차가 생기면 기압을 같게 맞추려고 고기압에서 저기압으로 공기가 이동하게 돼. 이게 '바람'이야. 여기까지는 이해되지?"

"응. 별로 어렵지 않은걸?"

박기담이 고개를 끄덕거리자, 나수재가 빙그레 웃으며 말을 이었어요.

"그런데 공기 대포를 이해하려면 '파스칼의 원리'에 대해서도 알아야 해."

"파스칼? 난생처음 들어 보는 이름인데?"

박기담이 골치 아픈 얼굴을 했어요. 그 모습을 본 나수재가 딱하다는 표정을 지었어요.

"되도록 쉽게 설명할게. 파스칼의 원리는 밀폐된 용기 속에 있는 기체나 액체의 어느 한 부분에 압력을 가하면 그 압력은 같은 크기로 기체나 액체의 모든 방향에 전달된다는 거야."

박기담이 고개를 절레절레 흔들었어요. 그러자 나수재가 늘 들

고 다니는 과학 마술 상자에서 풍선을 꺼내 후후 불었어요.

"아무래도 직접 보면 이해가 쉽겠지? 잘 봐. 손으로 풍선의 가운데를 꽉 잡으면 이 누르는 힘이 같은 크기로 풍선의 모든 방향으로 전달돼. 그래서 가운데가 눌려서 잘록해질 뿐만 아니라 풍선의 다른 부분은 빵빵해지지. 이게 바로 파스칼의 원리야."

"음……. 그렇구나."

박기담이 애매하게 대답을 얼버무렸어요.

"이제 어떻게 촛불이 저절로 꺼졌는지 설명해 줄게."

나수재는 만족스러운 얼굴로 한쪽에 구멍이 뚫린 종이 상자의 옆면을 양손으로 퉁 쳤어요.

"이렇게 종이 상자의 옆면을 세게 치면 그 압력이 같은 크기로 종이 상자 속 모든 공기에 똑같이 전달돼. 그래서 종이 상자 속 공기의 부피가 순간적으로 줄어들면서 내부 기압이 커져. 공기는 고기압에서 저기압으로 이동한다고 했잖아? 그래서 공기가 기압이 높은 상자 속에서 기압이 낮은 상자 밖으로 빠르게 밀려 나오는 거야. 바로 이 공기가 앞으로 나아가 촛불을 끄는 거지. 이제 알겠어? 저절로 촛불이 꺼지는 게 아기 귀신의 짓이 아니고, 이 종이 상자 때문이었음을 말이야."

나수재가 살짝 뻐기며 말을 마무리했어요. 그러자 박기담이 저도 모르게 목소리를 높였어요.

"그럼 어제 촛불이 꺼지기 전 우리가 들었던 퉁 소리는 창밖에 있던 이 종이 상자를 세게 치는 소리였어? 그 얘기는 이 일을 꾸민 사람이 창밖에서 우리를 보고 있었다는 거잖아? 우아, 정말 맥 빠진다. 난 정말 아기 귀신이 촛불을 꺼트린 줄 알았는데, 누군가의 장난이었다니 말이야."

아기 귀신의 사진을 찍을 생각에 기대에 부풀었던 박기담은 풀이 죽어 어깨를 축 늘어뜨렸어요. 하지만 나수재는 자신이 또 하나의 괴담을 과학으로 밝혀냈다는 사실에 뿌듯함을 느꼈지요.

두 사람은 어두운 방을 나왔어요. 그런데 나수재가 박기담을 따라 현관을 나서려는 순간, 바닥에서 굴러다니는 무언가가 눈에 띄었어요. 눈이 똥그래진 나수재는 얼른 그 무언가를 주워 소중히 간직했어요.

현관을 나온 두 사람은 혹시 이번 일을 꾸민 사람의 흔적이 남아 있는지 집 주변을 둘러보기로 했어요. 하지만 박기담은 설렁설렁 둘러보고는 입을 쭉 내민 채 먼저 대문을 열고 밖으로 나가 버렸어요.

"아직 기분이 다 안 풀렸나?"

나수재는 어쩔 수 없이 혼자서 빈집을 둘러보았어요. 하지만 아무것도 찾을 수 없었지요. 마당도 마찬가지였어요. 그때 화단을 살펴보던 나수재의 눈이 번쩍 빛났어요. 나수재는 고개를 주억거리며 화단 사진을 찍은 뒤, 얼른 대문으로 향했어요. 나수재가 대문을 열고 나오자, 박기담은 어느새 기분이 풀렸는지 평온한 말투로 나수재에게 물었어요.

"별거 없었지?"

"그렇지, 뭐."

나수재가 작게 한숨을 쉬며 대답했어요.

"도대체 누가 무슨 이유로 빈집을 귀신의 집처럼 꾸몄을까?"

박기담이 이맛살을 찌푸렸어요.

"글쎄. 누군지는 모르지만, 분명한 건 절대 가만두면 안 된다는 거야. 하지만 염려 마! 내가 반드시 잡아서 왜 이런 일을 꾸몄는지 밝혀낼 테니까."

나수재는 불끈 쥔 두 주먹을 박기담의 눈앞에서 흔들어 보이며 굳게 다짐했어요. 믿음직스러운 나수재의 말에 박기담은 자신도 모르게 고개를 끄덕끄덕했어요.

기압

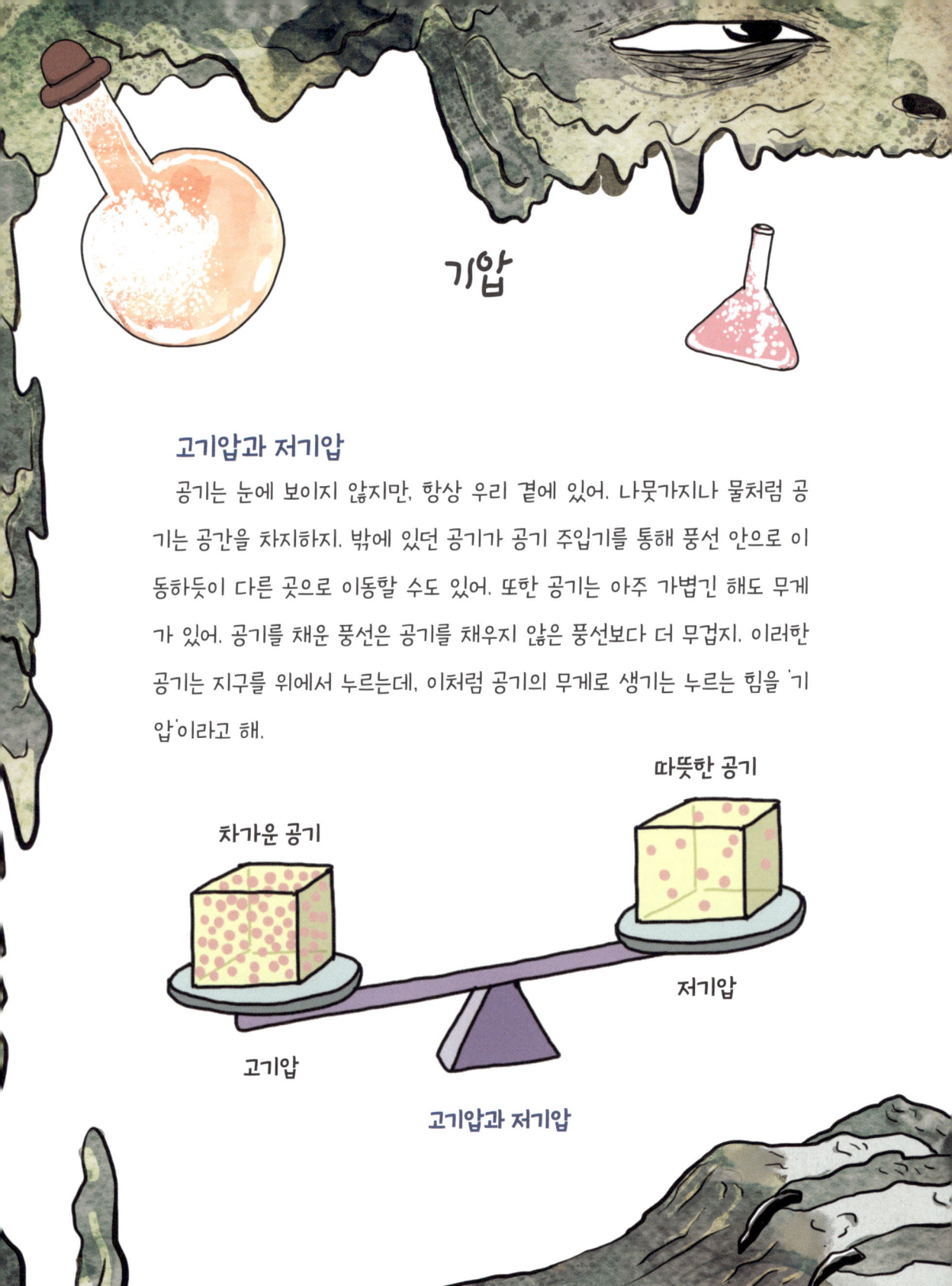

고기압과 저기압

공기는 눈에 보이지 않지만, 항상 우리 곁에 있어. 나뭇가지나 물처럼 공기는 공간을 차지하지. 밖에 있던 공기가 공기 주입기를 통해 풍선 안으로 이동하듯이 다른 곳으로 이동할 수도 있어. 또한 공기는 아주 가볍긴 해도 무게가 있어. 공기를 채운 풍선은 공기를 채우지 않은 풍선보다 더 무겁지. 이러한 공기는 지구를 위에서 누르는데, 이처럼 공기의 무게로 생기는 누르는 힘을 '기압'이라고 해.

고기압과 저기압

일정한 부피에 공기 알갱이가 많을수록 공기는 무거워지고, 기압도 높아져. 차가운 공기는 따뜻한 공기보다 일정한 부피에 공기 알갱이가 더 많아서 더 무겁고, 기압도 더 높지. 이처럼 상대적으로 공기가 무거운 것을 '고기압', 공기가 가벼운 것을 '저기압'이라고 해.

그런데 어느 두 지점 사이에 기압 차가 생기면 기압을 같게 맞추려는 움직임이 일어나면서 고기압에서 저기압으로 공기가 이동하게 돼. 이와 같이 기압 차로 공기가 이동하는 것을 '바람'이라고 하는데, 두 곳의 기압 차가 클수록 바람은 더 강해지지.

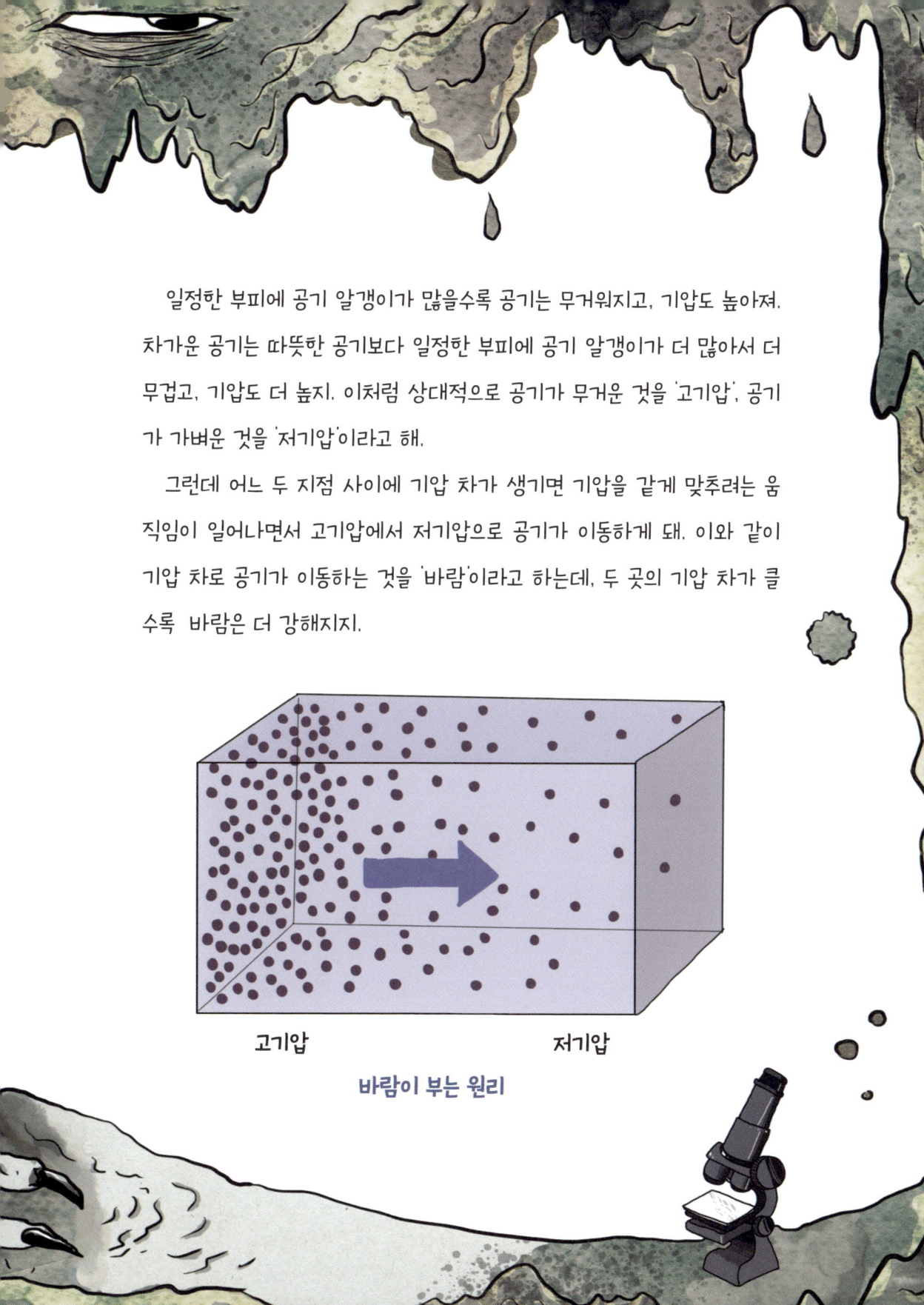

고기압　　　　　　　저기압

바람이 부는 원리

파스칼의 원리

공기 대포를 이해하려면 파스칼의 원리도 알아야 해. 공기 같은 기체나 물 같은 액체는 흐를 수 있다고 해서 '유체'라고 해. '파스칼의 원리'는 밀폐된 용기 속 유체의 어느 한 부분에 압력을 가하면 그 압력이 같은 크기로 유체의 모든 방향에 전달된다는 원리를 말해. 어렵지? 하지만 실제 우리 생활에서 파스칼의 원리가 적용되는 몇 가지 예를 알면 이해가 훨씬 쉬울 거야.

두 가지 색이 있는 치약을 짤 때 색이 섞이지 않고 골고루 나오는 이유를 생각해 본 적 있니? 치약을 짜려고 튜브를 누르면 파스칼의 원리로 인해 그 압력이 튜브 속 치약 전체로 똑같이 전달돼. 그래서 치약이 나올 때 두 가지 색의 치약은 똑같은 압력을 받아 어떤 색 하나가 더 많이 나오거나 덜 나오지 않고 고른 줄무늬를 내며 나오는 거야.

또한 공기가 든 풍선의 가운데를 꽉 잡으면 파스칼의 원리 때문에 그 압력이 풍선의 모든 방향으로 똑같이 전달되어 다른 부분이 빵빵해지지.

기압 차를 이용한 장난

이 일을 꾸민 범인은 종이 상자의 한쪽에 구멍을 뚫어 공기 대포를 만들었어. 이 종이 상자의 옆면을 세게 치면 그 압력이 같은 크기로 종이 상자 속 모든 공기에 똑같이 전달돼. 그래서 종이 상자 속 공기의 부피가 순간적으로 줄어들고 내부 기압이 커져서, 기압이 더 낮은 상자 밖으로 공기가 빠르게 밀려 나오는 거야. 이 공기가 대포처럼 앞으로 나아가 촛불을 끄면서 사람들을 놀라게 한 거지. 갑자기 촛불이 꺼진 건 아기 귀신의 짓이 아니라 기압 차에 의한 공기의 이동과 파스칼의 원리를 이용한 장난이었어.

반짝 상식

기압의 크기를 알아낸 토리첼리

이탈리아 과학자 토리첼리(1608~1647)는 1643년에 한쪽 끝이 막힌 길이 약 1미터의 유리관에 수은을 가득 넣고 공기가 들어가지 않게 한 다음, 따로 수은을 넣은 용기에 거꾸로 넣어 수직으로 세웠어. 그랬더니 수은이 내려오다가 76cm에서 멈췄지. 토리첼리는 이 현상이 공기가 그릇에 있는 수은을 눌러 위로 올리는 힘과 유리관 속 수은이 누르는 힘이 같기 때문에 일어난다는 사실을 알아냈어. 이때 공기가 누르는 힘, 즉 유리관 속 수은을 76cm까지 밀어 올리는 힘을 '1기압'이라고 해.

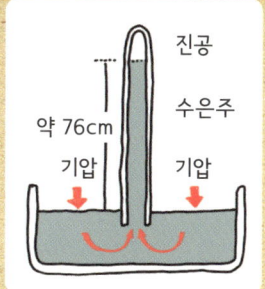

제 3 장
빈집의 정체

　어느덧 해는 기울고 사방이 어둑어둑해진 저녁, 또다시 빈집을 찾은 나수재와 박기담은 어딘지 모르게 비장해 보였어요. 두 사람은 빈집 괴담을 꾸며 낸 범인을 잡기 위해 위험을 무릅쓰고 다시 빈집을 찾은 거예요. 빈집은 여전히 으슬으슬한 한기를 온몸으로 뿜어내고 있었어요.
　전날 비가 내린 탓에 마당은 여기저기 진흙투성이였어요. 그래서인지 흙바닥에 찍힌 선명한 발자국 몇 개가 보였어요. 발자국을 본 나수재가 얼른 과학 마술 상자에서 무언가를 꺼냈어요.
　"그게 뭐야?"
　박기담의 질문에 나수재가 싱긋 웃으며 대답했어요.

"발자국을 채취하는 석고야. 어제 비가 와서 그런지 발자국들이 아주 선명한데?"

"그깟 걸 채취해서 뭐 하려고?"

박기담이 이해가 안 간다는 표정을 지었어요. 나수재는 물에 갠 석고를 발자국에 부으며 말했어요.

"나중에 범인을 잡았을 때 꼼짝 못 할 증거로 사용하기 위해서지. 범인은 거의 매일 빈집에 드나들 테니, 이 발자국들 안에 틀림없이 범인의 발자국이 있을 거야."

"역시 빈틈이 없어."

박기담은 나수재의 치밀함에 혀를 내둘렀어요. 발자국 채취를 끝낸 나수재와 박기담은 어두컴컴한 집 안으로 들어갔어요.

"좀 오싹하지 않아?"

박기담이 몸을 떨며 말했어요. 하지만 나수재는 대꾸도 없이 눈을 부릅뜨고 집 안을 살펴보고 있었어요. 박기담은 "쳇!" 하고 입술을 삐죽거렸어요. 두 사람은 현관과 거실, 촛불이 꺼졌던 방 안까지 구석구석 살폈지만, 수상한 낌새는 보이지 않았어요.

두 사람은 복도를 지나 좀 더 안쪽으로 들어가 보기로 했어요. 그때였어요. 갑자기 밝은 빛이 확 비치더니, 두 사람 앞에 무언가

나타났어요. 긴 머리를 풀어 헤치고 소복 차림을 한 귀신의 모습이었어요.

"으아아악!"

두 사람은 오싹한 공포감에 휩싸인 나머지 비명을 내지르며 헐레벌떡 밖으로 뛰쳐나왔어요. 나수재는 녹슬어 잘 열리지도 않는 대문을 있는 힘껏 발로 차고 나와 그대로 대문 앞에 쭈그리고 앉았지요. 뒤이어 나온 박기담도 다리가 풀렸는지 그 옆에 주저앉았어요. 잠시 숨을 몰아쉬던 두 사람은 약속이라도 한 듯이 마주 보며 뒤늦게 자신들의 실수를 깨달았어요.

"아뿔싸, 또 당했잖아? 그 모습을 귀신이라고 믿고 도망치다니, 바보같이……."

자신의 못난 모습에 화가 난 나수재가 버럭 소리를 질렀어요. 그런데 박기담이 입맛을 쩝쩝 다시며 대꾸했어요.

"아니야, 귀신이 맞아. 다리가 안 보였거든. 다리가 안 보이면 진짜 귀신이라는데, 그런 것도 몰라? 아! 아깝다. 그 자리에서 인증 숏을 찍었어야 했는데……."

그러자 나수재는 고개를 절레절레 흔들며 박기담의 손을 잡아끌고 서둘러 집 안으로 들어갔어요. 하지만 귀신이 나타났던 곳

에는 아무것도 없었어요.

"우리 조금만 기다려 보자. 내 느낌에 귀신이 곧 나타날 것 같거든."

미련을 버리지 못한 박기담이 스마트폰을 꺼내 들며 말했어요.

"이 세상에 귀신은 없다고 몇 번을 말해. 전부 사람이 꾸민 짓이라니까."

나수재는 무뚝뚝하게 대답하며 귀신이 나타났던 복도 주변을 본격적으로 조사했어요. 그러나 눈에 띄게 특이하거나 별다른 것은 없었어요. 다만, 빈집에 어울리지 않게 깨끗이 닦인 전신 거울 하나가 복도에 놓여 있는 것이 왠지 의심스러웠지요. 그 거울에는 바퀴가 달려 있었는데, 복도 벽에 딱 붙어 세워져 있었어요.

"이상하네. 빈집에 깨끗한 거울이라니……."

나수재는 거울을 바라보며 곰곰 생각에 잠겼어요. 그러더니 잠시 후, 손가락을 딱 튕기며 외쳤어요.

"이 세상일은 모두 과학으로 설명할 수 있어!"

"뭐야, 알아냈어?"

박기담이 호들갑스럽게 물었어요.

"당연하지! 자, 그럼 귀신의 정체를 밝히러 가 볼까?"

나수재가 도도한 목소리로 말하며 복도 맨 끝 방으로 달려갔어요. 박기담은 영문도 모른 채 재빨리 쫓아갔지요. 나수재는 어두컴컴한 방 안을 손전등으로 비추었어요.

"앗! 이, 이게 뭐야?"

박기담의 눈이 왕방울만 해졌어요. 긴 머리를 풀어 헤치고 하얀 옷을 입은 인형이 공중에 매달려 있었어요.

"아까 우리가 본 긴 머리 소복 귀신의 정체야. 공중에 매달려 있는 데다 어두우니까 다리가 잘 안 보였겠지. 과연 이 인형을 귀신이라고 할 수 있을까?"

나수재의 말에 박기담이 황당한 얼굴을 했어요.

"귀신의 정체가 이 인형이었단 말이야?

거참! 귀신이 곡할 노릇이네. 게다가 우리가 귀신을 본 곳은 여기가 아니었잖아."

박기담이 흥분했는지 입술에 침을 튀겨 가며 떠들어 댔어요.

"진정해. 지금부터 설명할게. 그건 바로 이것 때문이야."

나수재가 방문 밖에 세워져 있는 또 하나의 전신 거울을 손전등으로 비추며 말했어요.

"어? 좀 전에 본 거울이랑 똑같은 거네?"

박기담이 어리둥절한 표정을 짓자, 나수재가 고개를 끄덕이며 맞장구를 쳤어요.

"맞아! 그리고 아까 내가 전신 거울이 깨끗한 게 이상하다고 말한 거 기억나?"

"응. 그런데 뭐가 이상해?"

"이 집은 사람이 살지 않는 데다 귀신까지 나온다는 흉가인데, 거울만 깨끗하게 닦여 있잖아. 좀 이상하지 않아?"

안경 너머 나수재의 눈이 어둠 속에서 반짝 빛났어요.

"흠, 듣고 보니 그렇네?"

"그렇지? 그 순간 뭔가 있구나 하는 의심이 들었어. 그래서 거울을 자세히 살펴보았는데, 거울에 바퀴가 달린 것을 보고 의심이 확신으로 바뀌었지."

"아니, 왜?"

"거울 하면 가장 먼저 떠오르는 게 뭐야?"

"글쎄, 세상에서 제일 예쁜 나의 얼굴?"

박기담이 뻔뻔한 얼굴로 대답했어요. 나수재는 속으로 말도 안 되는 소리라고 생각했지만, 애써 얼굴에 미소를 머금고 다정하게 말했어요.

"거울로 너의 예쁜 얼굴을 볼 수 있는 이유는 거울이 빛의 반사를 이용하여 물체의 모습을 비추는 도구이기 때문이야."

"아하! 그렇구나. 그런데 빛의 반사가 뭔데?"

나수재의 '예쁜 얼굴'이라는 말에 기분이 좋아진 박기담이 환히 웃으며 물었어요. 나수재는 기다렸다는 듯 설명을 시작했어요.

"빛은 도중에 아무런 물체가 없다면 사방으로 곧게 나아가는데, 이러한 성질을 '빛의 직진'이라고 해. 그런데 빛이 곧게 나아가다가 다른 물체의 표면에 부딪히면 방향이 바뀌어. 이를 '빛의 반사'라고 하지. 이렇게 반사된 빛이 우리 눈에 들어오면 물체를 볼 수 있는 거야. 거울은 빛의 반사를 이용하여 물체의 모습을 비추는 도구인데, 표면이 매끄러워서 빛을 한 방향으로 반사해.

그런데 거울에서 반사된 빛에 다른 거울을 대면 빛의 방향을 다시 바꿀 수 있지."

"그럼 거울을 여러 장 쓰면 빛의 방향을 여러 번 바꿀 수도 있겠네?"

박기담의 날카로운 질문에 나수재가 깜짝 놀라며 대답했어요.

"맞아. 그런 원리를 이용해서 만든 기구 가운데 하나가 바로 잠망경이야."

"잠망경?"

"'잠망경'은 보고자 하는 물체를 직접 볼 수 없는 잠수함 등에서 쓰는 망원경이야. 기다란 관 모양 상자의 위쪽과 아래쪽에 거울을 45도로 마주 보게 끼워서 만들지. 잠망경의 아래쪽 구멍에 눈을 갖다 대면 잠망경 위쪽 구멍 너머에 무엇이 있는지 볼 수 있어. 잠망경의 위쪽 거울에 도달한 빛이 반사되어 꺾이고, 꺾인 빛은 아래쪽 거울에 한 번 더 반사되어 우리 눈에 들어오거든. 그러니까 이 일을 꾸민 범인은 긴 복도와 두 장의 거울로 일종의 잠망경을 만들어서 다른 방에 있던 귀신 인형을 우리 눈앞에 나타나게 한 거야."

나수재가 살짝 뻐기며 말을 마쳤어요.

"어떻게? 난 잘 이해가 안 돼."

박기담이 미간을 찌푸리자, 나수재가 설명을 보탰어요.

"범인은 복도 한쪽에 있는 거울과 반대쪽의 거울을 45도로 마주 보게 맞추어 커다란 잠망경을 만들었어. 그러면 복도 맨 끝 방에서 나온 빛이 두 장의 거울에 반사되어 방향이 바뀜으로써 그 방에 있던 귀신 인형이 복도 입구에 있던 우리 눈에 보이게 되지. '백문(百聞)이 불여일견(不如一見)'이라고, 직접 보는 것이 확실하겠지?"

말을 마친 나수재는 복도 양 끝에 붙어 있던 두 전신 거울을 45도로 맞춘 뒤, 맨 끝 방으로 달려가 귀신 인형 밑에 손전등을 두었어요. 그런 다음 박기담을 데리고 맨 처음 소복 귀신을 보았던 복도 입구로 갔지요. 그러자 아까와 똑같은 긴 머리의 소복 귀신이 보이는 게 아니겠어요?

"이럴 수가······."

박기담은 너무 놀라 벌린 입을 다물지 못했어요.

"이제 알겠지? 아까 우리를 놀라게 한 귀신도 빛의 반사를 잘 아는 범인이 꾸민 장난일 뿐이야."

나수재가 확실하게 못을 박았어요.

"에이, 짜증 나. 난 정말로 귀신이 나타난 줄 알았단 말이야. 근데 이해가 안 가는 게 있어. 네 말대로라면 두 장의 거울은 45도로 세워져 있어야 하는데, 벽에 딱 붙어 있었잖아."

낙담하던 박기담이 문득 고개를 갸웃하며 묻자, 나수재가 어처구니없다는 표정을 지었어요.

"그거야 당연히 이 일을 꾸민 범인이 다시 벽에 붙였겠지."

"뭐? 그럼 조금 전까지만 해도 범인이 이 집에 우리랑 같이 있었다는 얘기잖아! 언제 도망갔지? 어휴, 속상해. 간발의 차이로 놓쳤네."

박기담이 발을 동동 굴렀어요. 그런데 웬일인지 나수재는 자신만만한 얼굴이었어요.

"속상해하지 마! 범인은 곧 잡힐 거야."

"진짜? 어떻게 알아?"

"범인은 아까 우리가 귀신을 보고 도망가서 다시 돌아오지 않을 거라고 생각했어. 대부분의 사람들이 그랬으니까. 그래서 평소처럼 귀신 인형은 그대로 둔 채 거울만 원래대로 벽에 붙인 다음 집에서 나가려고 했을 거야. 그런데 의외로 우리가 다시 집으로 들어오자 당황한 나머지 창문을 통해 빠져나간 것 같아."

"우아, 그것을 어떻게 알아? 마치 본 것처럼 얘기하네?"

박기담이 눈을 동그랗게 뜨며 말하자, 나수재가 히죽 웃으며 대꾸했어요.

"당황한 범인이 서둘러 도망가다 실수를 했거든. 창문 앞에서 주웠어."

나수재는 박기담의 눈앞으로 무언가를 내밀었어요. 그것은 고양이 모양 열쇠고리였어요. 그런데 열쇠고리를 들여다보던 박기담이 저도 모르게 소리를 높였어요.

"앗! 이 열쇠고리는……. 말도 안 돼. 정말 걔가 범인일까?"

"그렇겠지."

나수재의 확신에 찬 대답에 박기담이 우울한 얼굴로 중얼거렸어요.

"그렇게 얌전한 아이가 이런 엄청난 일을 꾸몄을 리가 없어."

"글쎄, 내일 만나 보면 그 이유를 알게 되겠지."

다음 날 아침, 나수재와 박기담은 서둘러 등교했어요. 그리고 반 친구들 몰래 복도로 나와 신발장으로 갔어요. 나수재가 어제 채취한 발자국 모양 석고를 꺼내 들었어요. 고양이 열쇠고리 주인의 신발 바닥 모양과 채취한 발자국들을 비교하는 나수재의 손이 가늘게 떨렸어요.

"정확히 일치하네."

나수재가 중얼거렸어요. 채취한 발자국들 중 한 개와 정확히 일치한 신발의 주인은 늘 고양이 모양 열쇠고리를 가지고 다니는 같은 반 친구 도우면이었어요.

"내가 도우면 불러올게. 운동장 놀이터에서 만나."

박기담이 교실로 들어갔어요. 잠시 후, 운동장으로 나온 도우면은 두 사람의 눈치를 슬슬 보며 자그마한 목소리로 물었어요.

"왜 그래? 무슨 일이야?"

"무슨 일인지는 네가 잘 알지? 부인하지는 마. 네가 빈집에 간 증거도 있고, 네가 왜 그랬는지 이유도 알고 있으니까."

나수재가 나지막한 목소리로 말하며 도우면의 눈앞에 채취한 발자국과 고양이 모양 열쇠고리를 내밀었어요. 도우면의 얼굴이 새파랗게 질렸어요.

"어, 어떻게 알았어? 그리고 내가 왜 그랬는지 이유도 안다고?"

도우면은 당황했는지 말까지 더듬었어요.

"그래. 하지만 그 이유는 이따 방과 후에 우리와 같이 빈집에 가서 얘기하는 게 좋겠지?"

나수재의 말에 도우면은 아무 말 없이 고개만 끄덕였어요.

그날 오후, 나수재와 박기담은 도우면과 함께 빈집으로 갔어요. 세 사람이 집 안으로 들어서자, 또다시 아기 울음소리가 들려왔어요. 그 소리에 박기담이 몸을 흠칫했지요. 그런데 졸보 나수재가 웬일인지 용감하게 아기 울음소리가 나는 곳으로 걸어가더니 주머니에서 무언가를 꺼냈어요.

그러자 놀라운 일이 벌어졌어요. 낡은 가구 밑에서 고양이 여러 마리가 야옹야옹하며 기어 나오는 게 아니겠어요? 알고 보니 나수재가 주머니에서 꺼낸 것은 고양이가 아주 좋아하는 간식이었어요. 고양이들은 나수재에게서 간식을 받아 맛있게 먹었어요.

"어머, 갑자기 어디서 이렇게 많은 고양이가 나타났지? 냥이, 이리 와."

동물을 좋아하는 박기담이 고양이의 환심을 사려는 듯 부드러운 목소리로 고양이들에게 손짓했어요. 하지만 고양이들은 간식을 다 먹고는 박기담을 본체만체하고 도우면에게 다가가 뺨을 비비며 애교를 부렸어요.

"아기 귀신의 정체가 바로 쟤들이야."

나수재가 고양이들한테 시선을 준 채 담담하게 말했어요.

"엥? 무슨 소리야?"

"지난번에 왔을 때 우연히 방바닥에 굴러다니는 털 뭉치를 발견했어. 그래서 이 집에 고양이가 산다는 걸 알게 됐고, 고양이 울음소리가 갓난아기 울음소리와 비슷하다는 사실을 떠올렸지. 그 덕분에 빈집 괴담이 떠돌게 된 이유를 추측할 수 있었는데, 내 생각이 옳다는 걸 확신하게 된 건 화단에 나 있는 고양이 발자국을 발견한 뒤부터야."

"오호, 네가 추리한 빈집 괴담이 떠돌게 된 이유가 뭔데?"

박기담이 호기심에 가득 찬 눈빛으로 물었어요.

"빈집은 버려진 고양이들의 집이고, 누군가 그걸 지키려고 괴담을 꾸며 냈다는 거지."

"그래, 맞아."

지금까지 잠자코 있던 도우면이 고개를 끄덕였어요. 그러고 나서 자신이 왜 이런 일을 벌이게 되었는지 털어놓기 시작했어요.

"우리 엄마와 아빠는 맞벌이를 하시기 때문에 난 거의 매일 집에 혼자 있어. 그런데 어느 날 우연히 버려진 새끼 고양이 한 마리를 줍게 됐어. 혼자라 무섭기도 하고 외롭기도 했던 나는 부모님께 고양이를 키우겠다고 말씀드렸지만, 결국 허락받지 못했지. 그러던 중 이 빈집을 알게 된 거야."

"그래서 이 집에 새끼 고양이를 두고 먹이를 챙겨 준 거야?"

박기담이 끼어들었어요.

"응. 그 후에 버려진 고양이 몇 마리를 더 구조해 이 집에 데려왔는데, 고양이들 사이에 소문이 났는지 고양이들이 하나둘 모이더니 지금에 이른 거야."

"너 엄청 착하구나?"

박기담의 말에 부끄러운지 도우면의 얼굴이 빨개졌어요.

"아니야. 내가 좋아서 한 일인걸? 그런데 이 집이 오랫동안 비어 있다 보니 불량 청소년들이 가끔 드나들었어. 그래서 고양이들을 챙겨 주기가 점점 어렵게 됐지. 나는 고민에 고민을 거듭하다가 답답한 마음에 이런 상황을 '칭구칭구' 사이트의 '고민 있어요'에 올렸어. 그런데 생각지도 않게 '마술사'라는 대화명을 가진 사람으로부터 대화 초대를 받은 거야. 마술사는 빈집에 어울리게 도시 괴담을 만들고, 그 괴담이 널리 퍼지면 사람들이 무서워서 빈집 근처에도 안 올 거라면서 괴담에 이용할 세 가지 속임수를 알려 주었지."

"그럼 이번 일은 모두 '마술사'라는 대화명을 가진 사람이 계획한 일이고, 너는 그 사람이 시킨 대로 한 것뿐이야?"

나수재가 미간에 잔뜩 주름을 잡으며 냉랭한 말투로 물었어요. 도우면은 기어들어 가는 목소리로 대답했어요.

"응, 내가 잠시 어떻게 됐었나 봐. 정말 미안해."

"그래, 자신의 잘못을 깨닫고 반성하는 것도 대단히 훌륭한 태도야. 그건 그렇고, 궁금한 게 있어. 빈집에서 속임수를 실행하려면 이 집으로 사람이 온다는 사실을 알아야 했을 텐데, 그건 어떻게 알았어?"

박기담이 따뜻한 목소리로 물었어요.

"이 집이 막다른 골목 끝에 있다는 특성을 이용했어. 집 안에서 밖을 살펴보다가, 누군가 이 집에 다가오면 도착하는 시간에 맞추어 속임수를 실행했지. 괴담이 널리 퍼져서 걱정하던 불량 청소년들은 없어졌는데, 대신 너희 같은 공포 마니아가 올 줄은 정말 몰랐어."

도우면은 말을 마치고는 허탈하게 웃었어요. 그러자 나수재가 심각한 표정으로 물었어요.

"혹시 마술사랑 대화하면서 마술사의 특징을 알 만한 얘기를 한 적은 없어? 아주 사소한 것도 괜찮으니 잘 생각해 볼래?"

그 말에 잠시 생각하던 도우면이 뭔가 떠오른 듯 조심스레 말했어요.

"한번은 채팅을 하는데 마술사가 '어쩔티비', '킹받네' 같은 우리 초등학생들의 유행어를 쓰는 거야. 깜짝 놀라서 우리 학교 학생인가 싶어 슬쩍 우리 학교 행사에 대해 물어봤지. 그런데 전혀 모르더라고. 다른 학교 학생 같아. 이것 말고는 생각나는 게 없네. 좀 도움이 됐어?"

"물론이야. 많은 도움이 됐어. 고마워."

나수재의 대답에 도우면이 한숨을 내쉬며 말했어요.

"무슨 소리야? 오히려 내가 고맙지. 너희가 아니었다면 빈집에서 계속 사람들을 놀라게 했을 거 아냐. 휴, 내 생각이 짧았어. 고양이들은 모두 동물 보호소로 보낼게. 헤어지긴 싫지만……."

도우면은 고양이들과 이별할 생각에 목이 메어 다음 말을 잇지 못했어요. 나수재와 박기담은 도우면의 어깨를 두드리며 위로해 주었지요.

빈집의 괴담 사건을 깔끔히 해결하고 집으로 돌아온 나수재는 혹시 하는 마음에 '칭구칭구' 사이트의 '고민 있어요' 게시판에 들어가 보았어요. 그러나 예상대로 마술사의 링크는 이미 없어진 상태였지요. 사이트를 나온 나수재의 마음은 편치 않았어요. 학교와 학원을 뒤숭숭하게 만든 괴담이 사실은 과학의 원리를 이용한 속임수였음을 밝혀냈지만, 여전히 마술사의 정체는 알아내지 못했기 때문이에요. 나수재에게는 마술사가 자신과 같은 초등학생이라는 사실도 충격적이었어요.

"마술사, 너의 정체에 겨우 한 걸음 다가섰을 뿐이지만, 반드시 너를 찾아내고야 말겠어. 기다려!"

각오를 다지는 나수재의 눈빛이 활활 타오르고 있었어요.

빛의 반사

빛의 반사

깜깜한 밤에 갑자기 정전이 되어 아무것도 안 보였던 경험이 있지? 그때 촛불이나 손전등을 켜면 무엇이 있는지 보였을 거야. 이처럼 물체를 보려면 우리 눈과 물체 이외에 햇빛이나 전등불 같은 '빛'이 있어야 해. 그럼, 스스로 빛을 내지 못하는 물체가 어떻게 우리 눈에 보일까?

빛은 태양이나 전등, 촛불 같은 '광원'에서 나와 사방으로 곧게 나아가는데, 이러한 성질을 '빛의 직진'이라고 해. 이러한 빛이 곧게 나아가다가 나무, 꽃, 연필같이 다른 물체의 표면에 부딪치면 방향이 바뀌는데, 이를 '빛의 반사'라고 하지. 반사된 빛이 우리 눈에 들어오면 물체의 모양과 색을 알 수 있어. 즉, 물체를 볼 수 있는 거야.

거울을 이용한 반사

거울은 빛의 반사를 이용해 물체의 모습을 비추는 도구야. 거울은 표면이 매끄럽기 때문에 물체에 부딪혀 반사된 빛이 거울에 부딪히면 한 방향으로 반사돼. 이때 거울에 보이는 물체의 모습은 원래의 물체와 크기와 모양은 같지만, 왼쪽과 오른쪽이 바뀌어 보이지.

그럼 거울이 여러 장 있다면 어떻게 될까? 거울에서 반사된 빛에 또 다른 거울을 대면 빛의 방향을 바꿀 수 있어. 거울을 여러 장 쓰면 빛의 방향도 여러 번 바꿀 수 있지. 그런데 거울에 비치는 물체의 모습은 좌우가 바뀌어 보인다고 했지? 따라서 거울에 비친 모습을 또 다른 거울에 비추면 좌우가 또 바뀌어 보여. 즉, 거울에 홀수 번 반사하면 물체의 좌우가 바뀌고, 짝수 번 반사하면 원래의 모습이 돼.

잠망경의 원리

빛이 거울에 한 방향으로 반사되는 원리를 이용해서 만든 기구가 있는데, 바로 '잠망경'이야. 잠망경은 잠수함처럼 물체를 직접 볼 수 없는 사람들이 밖의 모습을 볼 수 있게 해 주지. 잠망경은 기다란 관 모양 상자의 위쪽과 아래쪽에 두 개의 거울을 45도로 마주 보게 끼운 거야. 잠망경의 아래쪽 구멍에 눈을 갖다 대면 잠망경 위쪽 구멍 너머에 무엇이 있는지 볼 수 있어. 잠망경의 위쪽 거울에 도달한 빛이 반사되어 꺾이고, 꺾인 빛은 아래쪽 거울에 한 번 더 반사되어 우리 눈에 들어오기 때문이야.

이때 잠망경에 비친 물체의 모습은 어떨까? 잠망경은 물체를 거울에 두 번 비추어 보기 때문에 좌우가 바뀌지 않은 원래 모습 그대로 보여.

잠망경의 원리를 이용한 장난

나수재와 박기담이 처음 귀신을 본 곳은 복도 입구 쪽이었지만, 사실 귀신 인형은 복도 맨 끝 방에 있었어. 이 일을 계획한 마술사는 복도 한쪽에 있는 거울의 각도를 45도로 조정하고, 반대쪽 거울도 45도로 맞추어 커다란 잠망경을 만들었어. 그래서 전혀 다른 곳에 있는 귀신 인형을 사람들의 눈앞에 나타나게 한 거지.

이제 알겠지? 나수재와 박기담을 놀라게 한 긴 머리 소복 귀신도 빛의 반사에 대해 잘 아는 범인이 꾸민 장난일 뿐이야.

반짝 상식

신기한 거울 놀이

거울 2장을 모서리끼리 맞닿게 세우고 각도기로 두 거울 사이의 각도를 90도로 만든 뒤, 두 거울의 한가운데에 인형을 놓아 봐. 몇 개의 인형이 비칠까? 그 다음엔 두 거울 사이의 각도를 60도, 120도로 바꾸고 거울에 비친 인형의 개수를 세어 봐. 거울 사이의 각도가 90도일 때에는 3개, 60도일 때에는 5개, 120도일 때에는 2개가 비칠 거야. 거울 사이의 각도가 작을수록 빛이 더 많이 반사되기 때문에 거울에 비치는 인형의 개수가 많아져.

괴담 잡는 과학 특공대
② 저주받은 빈집
제1판 제1쇄 발행일 2024년 1월 25일

김수주 기획 | 조인하 글 | 나오미양 그림

펴낸이·곽혜영 | 편집·박철주 | 외주편집·김수주 | 디자인·소미화 | 마케팅·권상국 | 관리·김경숙
펴낸곳·도서출판 산하 | 등록번호·제2020-000017호
주소·03385 서울특별시 은평구 연서로26길 27, 대한민국
전화·02-730-2680(대표) | 팩스·02-730-2687
홈페이지·www.sanha.co.kr | 전자우편·sanha0501@naver.com

ⓒ 조인하. 나오미양. 김수주 2024

ISBN 978-89-7650-591-0 74400
ISBN 978-89-7650-589-7 (세트)

* 이 책은 저작권법에 따라 보호받는 저작물이므로 무단 전재와 무단 복제를 금합니다.
* 8세 이상 어린이를 위한 책입니다.